QU'AVONS-NOUS FAIT,

QUE DEVONS-NOUS FAIRE

POUR L'ORGANISATION

DES INSTITUTIONS RÉPUBLICAINES

DE LA MONARCHIE?

Par Aug. **BILLIARD**,

ANCIEN PRÉFET, ET ANCIEN SECRÉTAIRE GÉNÉRAL
DU MINISTÈRE DE L'INTÉRIEUR.

PARIS,

ALEXANDRE MESNIER, LIBRAIRE,

PLACE DE LA BOURSE.

JUILLET 1831.

Depuis quinze ans je m'occupe de l'application des principes d'économie politique aux matières de commerce, de
finances et d'administration. Les vues que j'expose aujourd'hui dans cette brochure, sont celles que j'avais au
29 juillet 1830. Cette explication est nécessaire pour qu'on
ne m'accuse d'aucun esprit de récrimination contre un
gouvernement que je crois avoir servi avec quelque intelligence de ses intérêts, et pour qui ce travail est un nouveau tribut que je lui viens apporter.

Aug. BILLIARD.

QU'AVONS-NOUS FAIT,

QUE DEVONS-NOUS FAIRE?

Le temps est arrivé de s'expliquer franchement avec la France. Il faut absolument sortir de ce vague où l'on s'égare, mettre un terme à cet état d'incertitude, à ces divisions funestes. Ce qu'on appelle mauvais esprit n'est point une maladie des peuples que la sagesse des gouvernemens ne peut prévenir, qu'elle ne saurait empêcher. Au lieu de combattre ces prétendus républicains, qui seraient nos meilleurs soldats le jour où la France aurait une injure à venger, est-il impossible de s'entendre avec eux? On n'est point faible quand on sait loyalement transiger.

Recherchons de bonne foi les causes du malaise insupportable que la France éprouve en ce moment, et les moyens de rétablir la confiance en ralliant autour du trône les branches divisées de l'opinion patriote.

Les causes de l'état dans lequel nous nous trouvons sont intérieures et extérieures. Les causes intérieures sont les principales; c'est de leur examen que je vais particulièrement m'occuper.

Après avoir satisfait aux besoins pressans du moment, réparé des injustices criantes, renversé ou modifié ce qu'il y avait dans l'ancien ordre de choses de trop incompatible avec les idées nouvelles, la mission spéciale du gouvernement était la prompte organisation de cette partie des libertés publiques, qu'on peut appeler les *institutions républicaines* de la monarchie.

Le fondateur d'une ville fait connaître à ceux qu'il y appelle, la hauteur des maisons, la largeur des rues principales; personne ne peut dépasser l'alignement indiqué, partout l'air circule avec une entière liberté, l'eau du fleuve se distribue également entre les citoyens; mais cette déclaration ne nous donne aucune idée du plan de la ville, de l'harmonie des édifices correspondans, de l'ordre dans lequel seront construits les bâtimens destinés aux services publics, de la manière de profiter des avantages promis par le fondateur.

Une charte n'est autre chose que la déclaration des droits garantis aux habitans d'une cité nouvelle; mais avec une pensée vaste, qui prévoit les agrandissemens à venir, les architectes ont dû sur-le-champ former un plan, en combiner les diverses parties entre elles, déterminer l'ordre des travaux d'après la raison et l'urgence, pour que les citoyens jouissent le plus tôt possible des avantages d'une situation admirable. Cette situation unique était celle où nous avait placés la révolution de juillet.

Le plan conçu et arrêté, on le développait à la France, qui en comprenait l'ensemble, et voyait au loin devant elle s'ouvrir la route où on allait s'engager.

Qu'a fait le gouvernement? Quels travaux organiques résultant d'un plan raisonné sont émanés des trois pouvoirs?

Si l'on juge de l'importance d'une session par le volume des réglemens qu'elle a faits, celle de 1830 à 1831 n'aura pas été la moins laborieuse.

On confond avec les œuvres réelles du gouvernement les lois improvisées par la révolution elle-même, lois écrites sur le premier drapeau tricolore qui se montra dans la capitale; telles sont les nouvelles déclarations contenues dans la Charte, les dispositions relatives au rappel des bannis, aux récompenses nationales, à la réduction du cautionnement des journaux, au jugement des délits de la presse par le jury, à la diminution des contributions indirectes, etc. D'autres lois ne sont que le produit annuel des travaux de chaque ministère; on ne peut les comprendre parmi les bienfaits du nouveau gouvernement.

Les lois organiques que la session a produites sont l'œuvre d'après laquelle on doit la juger. Ces lois sont au nombre de quatre : la première relative à la nouvelle assiette d'une partie des contributions directes, la seconde relative aux communes, la troisième à la garde nationale, la quatrième aux élections.

Ces diverses lois montrent-elles à la France que le gouvernement a compris l'importance et l'étendue de sa mission? Les projets en étaient-ils largement conçus, en harmonie soit les uns avec les autres, soit avec ceux qui devaient les suivre? Les a-t-on présentés dans l'ordre que le besoin ou la raison indiquait? La nation doit-elle augurer favorablement de l'avenir par ce qui vient d'être fait?

Il suffit de se rappeler l'origine des deux lois principales, celle des communes et celle des élections, pour être convaincu qu'aucun esprit de suite et d'ensemble n'a présidé à leur confection.

La loi communale est l'ouvrage de la chambre élective. Il s'agissait dans cette loi de libertés à donner à la France : quelle maladresse de n'avoir pas écarté le projet de la chambre pour en présenter un plus complet et plus généreux au nom de la couronne!

La seconde loi, celle des élections, n'a pas dans sa plus importante disposition le moindre rapport avec le projet du ministère. Il était naïf ce projet qui disait aux citoyens : vous voulez des électeurs, on vous en donnera le double de ce que vous en aviez autrefois, et cela sans aucun motif rationnel, dont les gens les plus faciles à contenter pussent être satisfaits.

Comment les lois sur l'organisation cantonale et départementale s'accorderont-elles avec ces deux autres lois communale et électorale qui déjà n'ont point d'harmonie entre elles, et dont elles forment l'intermédiaire?

La chambre élective a créé des assemblées communales, mais sans en avoir préalablement déterminé les attributions : c'est-à-dire qu'on a formé une institution républicaine sans donner un aliment suffisant à l'activité de citoyens pressés de faire le premier essai de leurs droits, et que rendra plus exigeans le peu de confiance accordé jusqu'à présent à l'administration des communes. On a institué des mandataires sans spécifier l'objet de leur mandat. Dans la loi communale comme dans la loi électorale, le droit qu'exercent les électeurs n'est fondé sur aucun principe d'équité : nos législateurs semblent ignorer combien il est injuste et impolitique d'imposer de nouvelles charges aux citoyens sans leur accorder de nouveaux droits en compensation ou en échange.

Ainsi les charges générales doivent être compensées par les droits généraux, les charges spéciales par les droits spéciaux. Tous les citoyens sont imposés à la contribution directe et à la contribution indirecte, sans aucune espèce de distinction; nul n'est exempt de la conscription. En échange de ces tributs généraux, ils jouissent également de la liberté individuelle, de la liberté de la presse et des autres libertés garanties à tous les Français.

D'après la loi sur l'organisation de la garde nationale, une partie des citoyens est spécialement chargée de la défense intérieure du territoire; ils forment ce qu'on appelle le contrôle ordinaire de la garde nationale. Tout citoyen porté sur ce contrôle se pourvoit à ses frais d'un

uniforme; il doit au premier coup de tambour aban-
donner ses travaux. Voilà un impôt, voilà des charges
considérables, qui pèsent spécialement ou exclusivement
sur une classe de citoyens; et cependant cette classe,
fortement imposée, particulièrement chargée de la défense de la commune, n'est pas appelée tout entière à
l'exercice des droits d'électeur communal. Il est donc
des citoyens pour qui les droits ne compensent pas les
charges. Lorsque la première ardeur sera passée, lorsque chacun aura l'intelligence de ses droits et de ses devoirs, les gardes nationaux, fatigués par le service de
nuit et de jour, voudront-ils continuer à prendre la même
peine, sans aucune espèce de dédommagement? Ne de-
viendront-ils pas hostiles ou indifférens à l'ordre de
choses en dehors duquel on les aura placés?

La loi municipale et la loi sur la garde nationale,
qui devraient se lier si étroitement l'une à l'autre, ne
sont donc pas le moins du monde combinées entre elles.
Il était de toute justice, de toute équité que tous les citoyens inscrits sur le contrôle ordinaire fussent appelés
aux fonctions d'électeurs municipaux.

Une observation pareille s'applique à la loi électorale.
Si honorables qu'elles soient, les fonctions de juré n'en
sont pas moins une corvée pour un grand nombre de
personnes. Dans la liste du jury, telle qu'elle fut obtenue
sous le précédent règne, on voyait la future liste des
électeurs; point de doute à cet égard. Un gouvernement
réparateur devait s'empresser d'accorder les compensa-
tions espérées. Qu'a-t-on fait dans la nouvelle loi sur les
élections? On a laissé peser une charge spéciale sur une
classe honorable à qui l'on a refusé l'exercice des droits
électoraux sous le vain prétexte qu'elle n'avait pas la
capacité nécessaire. Ce refus est une injure; il a également placé un grand nombre de citoyens en dehors du
gouvernement.

L'égalité est notre idole; nous trouverons toujours parfaitement juste que celui qui supporte une charge particulière reçoive un dédommagement proportionnel. Rien ne blesse ici le principe d'égalité.

Mais c'est violer formellement ce principe que de conserver une classe privilégiée d'éligibles, sans aucune garantie pour le pays ou pour la couronne; c'est encore une injure gratuitement faite au jugement, à la raison des électeurs. Qui ne sait d'ailleurs que les malheureuses discussions pour et contre le privilège des éligibles sont une des premières causes de la division des patriotes?

Quelle faute encore d'avoir exhumé des cartons des finances cette loi sur l'assiette de la contribution mobilière, des portes-et-fenêtres et des patentes, loi qui est venue fatiguer nos administrations municipales avant qu'on ait appelé les citoyens à faire entre eux le partage des charges qu'ils ont à supporter!

Combien est-il plus fâcheux que le peuple, qui paie et qui partout n'a pas la même intelligence, n'ait appris la bienvenue du gouvernement que par les trente centimes qu'on s'est vu dans la nécessité d'ajouter à la contribution directe! Dieu sait quel parti la faction ennemie a tiré, dans les départemens de l'ouest, des fautes d'une administration qui demande d'abord des hommes et des écus au lieu des bienfaits qu'elle avait promis.

Sans pousser plus loin cet examen des lois que la session a produites, ne reconnaît-on pas sur-le-champ que ces lois ne font partie d'aucun plan, d'aucun ensemble de mesures, qu'elles ne découlent d'aucun principe, qu'on les a jetées au hasard dans l'une ou dans l'autre chambre? L'une est intempestive, l'autre incomplète, la troisième contraire aux vœux du pays. Le gouvernement a donc créé ce vague où il s'égare lui-même, où s'égarent ceux qu'on y voit paraître à leur tour avec des lambeaux de la république et de l'empire. Est-il surprenant que chacun ait fait du gouvernement à sa manière dans l'absence de celui qu'on aurait dû faire; qu'une partie de la France montre une si vive impatience, tandis que l'autre ne comprend pas bien encore en quoi la révolution de juillet a pu nous être utile ?

Le temps, nous dira-t-on, a manqué au gouvernement pour l'accomplissement de ses projets.

Dans la confusion des premiers momens, il était sans doute difficile de combiner ou d'improviser des dispositions aussi importantes que celles de nos lois organiques; mais, plus tard, nous avons eu tout le temps nécessaire : il me serait aisé d'en donner la preuve. Ne parlant ici que des œuvres apparentes de l'administration, et de l'effet qu'elles ont dû produire, je n'expliquerai point pour quelle cause le bien qu'on était prêt à faire n'a pas été fait; je ne le dirai point pour justifier une administration à laquelle j'ai appartenu, mais beaucoup de personnes savent combien elle avait préparé de matériaux qu'on n'a point employés. Tel ministre qu'on accuse est celui qui a le plus fait pour l'organisation des libertés publiques.

On s'attendait à d'autres conceptions, à d'autres résultats : nos espérances déçues nous rendent aujourd'hui plus exigeans.

Trop vaine de ses prérogatives héréditaires, avare de libertés, au moment où il était de son intérêt de se montrer plus généreuse que la chambre élective, la pairie, avant d'être jugée, a succombé devant l'opinion nationale; ainsi tomberont tous les mandataires qui marchanderont à la France cette égalité dont elle est si jalouse, ou ces libertés qu'il est si facile de lui accorder.

Au lieu de ce qu'on a fait, que devait-on faire ? ou plutôt, pour ne nous jeter dans aucune récrimination, comment réparer les fautes que l'on a commises ?

Que le ministère, quel qu'il soit, ne se présente point aux chambres sans avoir un plan raisonné à la portée de toutes les intelligences ; qu'on y voie, et le but où l'on veut arriver, et dans combien de temps on pourra l'atteindre. Ainsi, qu'on ne vienne pas, comme on l'a fait dans la dernière session, imposer de nouvelles charges ou de nouveaux embarras à la France avant d'avoir fait ressentir à toutes les classes de citoyens, d'une manière positive, les avantages de l'ordre de choses actuellement établi.

Même pour nous faire jouir plus tôt de certains droits réclamés avec instance, qu'un ministre ne présente pas de prime abord soit un projet sur la liberté de l'enseignement, soit un projet sur la liberté religieuse, soit même quelques amendemens en matière d'impôt, si d'autres mesures sont préalablement nécessaires pour rendre ces dispositions plus efficaces et plus généreuses.

Mais au moyen d'un plan concerté, on annonce les bienfaits qui doivent se succéder en faisant connaître l'ordre qu'on est obligé de suivre. Rien ne s'oppose d'ailleurs à ce qu'on s'occupe sur-le-champ de certaines parties de l'édifice, quand on sait d'avance à quelles autres parties elles doivent se rattacher. Le ministère qui développera ainsi ses vues aura bientôt tempéré cette fièvre d'initiative qui fut une des maladies de la dernière session.

L'organisation communale est, dans l'ordre naturel, le premier objet dont le gouvernement ait à s'occuper : la commune est la première agglomération de citoyens et d'intérêts ; de même que plusieurs ruisseaux font une rivière, plusieurs rivières un fleuve, plusieurs fleuves un

océan, de même la vie arrive de la commune au canton,
du canton au département, du département au point
central qu'on appelle le gouvernement.

La commune étant la source d'où jaillit la vie de
l'État, ne doit-on pas, avant toute chose, rechercher les
moyens de rendre cette source plus abondante ?

C'est pour avoir détaché des communes tant de parties reportées au centre général, qu'on a rompu les liens
de l'organisation sociale, que les charges de l'État se sont
graduellement accrues sans augmentation de bien-être
pour les citoyens : il convient donc de rendre aux communes tout ce qui peut ajouter à la fois à la somme des
économies, et à la somme de nos libertés. Il ne suffit pas
de délivrer les communes de leurs entraves actuelles,
mais qu'on songe à l'extension qu'il est dès à présent et
qu'il sera un jour possible de donner à leurs attributions.

D'après cet exposé, on comprend aisément pourquoi
l'organisation municipale doit marcher à la tête de nos
institutions. Il est impossible de concevoir la liberté religieuse, la liberté du commerce, l'amélioration du système de l'impôt direct et de quelques contributions indirectes, sans une large et préalable organisation des
communes. Qu'on me permette quelques explications à
ce sujet.

Aujourd'hui l'État pourvoit aux dépenses des diffé-
rens cultes ; mais on l'accuse d'en négliger pour en favo-
riser d'autres. Le salaire que paie l'État aux ministres
du culte établit des obligations réciproques sur lesquelles
il n'est pas toujours facile de se mettre d'accord. Pourquoi ne pas laisser aux communes librement constituées
la faculté de s'imposer pour le paiement de leurs ministres, en interdisant à ces derniers toute espèce de spé-
culation sur la crédulité publique ? La commune se par-
tagerait, au besoin, en autant de sections qu'il y aurait

de cultes dissidens; le budjet de l'État restituerait aux contribuables les trente-deux millions qui entrent chaque année pour les besoins du culte dans les coffres du trésor. Je ne prétends pas que ce moyen soit le meilleur pour arriver à la plus entière liberté religieuse; mais il explique avec quel avantage le gouvernement municipal peut concourir au développement de nos diverses libertés.

Qu'on rende la liberté à l'enseignement; les communes, les cantons et les départemens formeront ou encourageront, sans nuire au libre concours des autres citoyens, les établissemens que chaque localité jugera nécessaires.

La liberté du commerce n'est-elle pas en partie subordonnée à la question des octrois?

Une meilleure administration de l'impôt résultera nécessairement du partage des charges fait par ceux qui ont à les supporter.

Que les communes profitent donc des premières économies qu'il sera possible d'obtenir.

Au moyen de la réduction des dépenses administratives par la décentralisation, au moyen encore de la perception moins coûteuse de diverses contributions, si l'on parvient à rendre les octrois superflus, en accordant aux communes, et par compensation, le produit des économies qu'on aura faites, quel avantage n'en résultera-t-il pas pour le commerce, pour les communes, et surtout pour la classe pauvre du peuple, qui comprendra beaucoup mieux que la révolution s'est faite à son profit! Il n'est point de combinaisons qu'on ne doive rechercher pour arriver prochainement à un semblable résultat.

En raison de son importance, car il faut voir les communes autrement qu'on ne pouvait les voir au temps de M. de Martignac, en raison de ses rapports avec les autres branches de notre système intérieur, et comme source de vie pour le gouvernement, l'organisation du système municipal, répéterons-nous encore une fois, est l'affaire la plus urgente dont on ait à s'occuper.

Mais à l'organisation municipale se lie intimement l'organisation des cantons et des départemens, qui forme le complément des institutions républicaines de la monarchie.

L'administration cantonale est indispensable aux petites communes trop faibles encore pour se soutenir, pour se diriger dans l'exercice de leurs droits; il faut qu'on leur prête un appui, une lumière, en évitant toutefois de porter la moindre atteinte à leur liberté. Une organisation communale que n'appuierait pas l'organisation des cantons, serait un vrai guet-apens contre la liberté des communes.

Une meilleure organisation des justices de paix, objet de la plus haute importance, est subordonnée à l'administration cantonale, sans laquelle il est impossible d'avoir une bonne législation pour les chemins vicinaux.

Des projets existent pour l'organisation départementale; mais ces projets sont-ils conçus d'une manière assez généreuse? a-t-on brisé toutes les entraves où l'administration départementale se trouve engagée? Il était aisé de les détruire presque toutes sans danger pour le pouvoir. Peut-être aussi ne s'est-on pas assez rendu compte de l'importance qu'on peut donner aux départemens par la décentralisation de plusieurs services qu'il serait avantageux de leur concéder. Il en résultera des économies considérables.

On assure que, dans le projet d'organisation départementale, il serait encore question de ces deux classes d'électeurs et d'éligibles, et que toutes les personnes portées sur la liste du jury ne feraient pas partie des collèges de canton qui nomment les membres des conseils généraux : ce serait le moyen de perpétuer ces défiances et ces divisions que le gouvernement est si intéressé à détruire.

On a demandé que tous les citoyens, en payant une part quelconque de la contribution directe, fussent admis à exercer les droits d'électeurs communaux. Plût à Dieu que nous fussions arrivés au moment où tous les contribuables seront électeurs! Cette participation à l'élection de leurs mandataires serait la preuve du haut degré d'instruction et d'indépendance où nous serions parvenus. S'il existe des communes où l'on pourrait sans danger conférer les droits électoraux au dernier contribuable, combien en est-il où la dégradation par le fanatisme et l'ignorance, où la dépendance de certains patrons, ne permettent pas d'épuiser la liste des contribuables! Nous avons précédemment expliqué comment, pour tous les citoyens, les charges générales étaient compensées par les droits généraux, et combien il était juste de compenser également les charges spéciales par des droits spéciaux. Ainsi tous les gardes nationaux portés sur le contrôle ordinaire seraient de plein droit électeurs municipaux. Dans la loi de mars 1831, le nombre des électeurs est d'un sur dix dans les communes qui ont moins de cinq cents habitans; mais ensuite la proportion dans laquelle on élève le nombre des électeurs n'est fondée sur aucun principe. Si l'on eût admis ce principe si équitable de compensation des charges par les droits, quel inconvénient en fût-il résulté pour la France? Au reste, les lois relatives à un cens quelconque d'éligibilité ne sont point absolues; leurs dispositions ne sont que transitoires.

Je saisirai cette occasion pour dire quelques mots sur l'élection des maires. Des citoyens honorables pensent que cette élection doit être directement faite par le péuple: il me semble au contraire plus utile aux intérêts de la liberté que la nomination des maires ait lieu sur une présentation de candidats composée du corps municipal en entier.

Il est superflu de rappeler que le maire ainsi nommé devient l'anneau qui unit la monarchie à la république. Les pays où nous prenons des exemples de liberté n'ont point l'admirable institution du recrutement telle qu'elle existe parmi nous. Ici c'est le maire qui reçoit de la commune ou qui prélève sur sa population le tribut annuel qu'elle paie à la patrie. Qu'arriverait-il si le maire, nommé par une majorité opposée au pays, ne remplissait pas son mandat en conscience? Il est en matière de recrutement une foule de cas où la justice ne pourrait trouver un coupable, tandis que le renvoi du maire dans le conseil dont on l'a tiré assure au pouvoir l'exécution des ordres qu'il donne dans l'intérêt de la liberté.

On le répète tous les jours, le gouvernement représentatif n'est qu'une transaction continuelle. Nous avons parlé des concessions qu'on peut faire aux communes : il en est auxquelles le pouvoir supérieur ne saurait être obligé; on ne les obtiendra que par une harmonie parfaite entre la monarchie et la république. Cette harmonie, ou plutôt cette confiance ne peut exister qu'au moyen du maire nommé par le roi sur la présentation de ses concitoyens. Ce mode, jusqu'à démonstration contraire, me semblerait donc plus favorable que l'élection directe à la cause de la liberté.

Ces observations ne m'éloignent pas de mon but, c'est-à-dire de la transaction entre les divers intérêts qui se combattent aujourd'hui.

Que doit donc faire le gouvernement pour arriver le plus tôt possible à la solution qu'attend la France?

Ne considérer que comme des matériaux les lois organiques que la session dernière a produites ;

S'empresser de coordonner, dans leurs dispositions et dans leurs rapports avec les autres parties de notre organisation politique, les lois communale, cantonale, départementale et électorale ;

Déterminer d'abord les attributions des communes, cantons et départemens, pour indiquer ensuite la manière de procéder à l'élection des mandataires par leurs commettans ;

Qu'un esprit étroit ne fasse point le partage de ces attributions ; qu'elles s'accordent entre elles dans les divers degrés du système représentatif ; en élevant graduellement le cens électoral, que les mêmes principes de compensation de droits et de devoirs, sans aucune réserve pour le privilège, s'appliquent également aux divers dégrés d'élection ;

Enfin que ces lois communale, cantonale, départementale et électorale, soient coulées d'un seul jet pour ne former ensemble qu'un seul code, celui des institutions républicaines, sans lesquelles la monarchie constitutionnelle ne saurait exister. Si ce travail est bien fait, ce sera le plus beau monument de la révolution de 1830.

Quand il s'agit de travaux de cette importance, pas un instant n'est à perdre : on possède d'ailleurs de nombreux matériaux dont une partie est déjà préparée. Ce n'est pas une ou deux fois par mois que les commissions doivent se réunir, mais tous les jours et sans interruption. Les travaux de ce genre suivis avec ardeur, avec activité, sont ordinairement mieux faits que lorsqu'ils sont interrompus par de longs intervalles. Avec un esprit étendu on arrive promptement à de beaux résultats, pour peu qu'on soit animé par l'amour de la patrie et inspiré par le génie de la liberté.

Pendant que ces travaux s'exécutent, les autres parties du plan général, conçues par l'esprit qui a établi les larges bases du gouvernement municipal, marchent avec une égale activité.

Que chaque espèce de contribution occupe une commission spéciale subordonnée à une commission supérieure qui correspondrait elle-même avec un centre commun. L'objet du travail de ces commissions serait de simplifier le mode de perception des impôts, d'abolir les droits exorbitans, de substituer partout la légalité à l'arbitraire. Qui ne comprend, par exemple, l'indispensable nécessité de modifier la législation de l'enregistrement, législation où la main du fisc semble se multiplier pour retomber sur ceux qu'elle devrait le plus épargner?

Que de réclamations se sont élevées pour obtenir un mode de perception de l'impôt sur les boissons qui fût à la fois moins coûteux et moins vexatoire! Il est certain qu'on y pourra parvenir.

Et comment se fait-il qu'on n'ait point repris ces enquêtes qui, plus largement conçues, rendront la liberté au commerce sans nuire aux intérêts du trésor? Dans le moment où tant d'industries sont en souffrance pourquoi ne pas chercher de nouveaux débouchés? pourquoi ne pas affranchir graduellement le commerce de nos colonies, dans leur intérêt comme dans celui de la métropole?

A entendre certaines gens, tout serait fait; et vous le voyez, tout ce qui n'a pas été l'ouvrage de la révolution elle-même reste presque entièrement à faire. L'incertitude, l'anxiété générale où nous sommes, proviennent de ce que tant de ressorts que l'on croyait prêts à se mouvoir semblent s'être paralysés. Qu'on se hâte donc de reprendre avec plus d'ordre et d'ensemble, avec des vues plus généreuses, les travaux qu'on a commencés, afin d'élever le plus tôt possible ce rempart formidable de libertés contre lequel échoueront les vains efforts de la faction intérieure et de la faction étrangère.

Des déclarations franches et positives, suivies d'une prompte exécution, ramèneront les impatiens qui nous débordent. Quant aux retardataires, qui ne voient pas à quoi la révolution peut nous être utile, il n'est pas moins essentiel de les satisfaire. Le fanatisme et l'ignorance sont les causes des troubles de l'ouest et du midi. On a bien fait sans doute de diriger des troupes sur les points qui donnaient de l'inquiétude, mais l'emploi de la force ne devait être que secondaire; on eût obtenu plus de succès en répandant sur-le-champ l'instruction avec abondance, c'est-à-dire en faisant ouvrir un grand nombre d'écoles aux frais du gouvernement dans les localités où l'ignorance et les préjugés rendent l'insurrection carliste plus facile, en éclairant le peuple par des publications politiques à sa portée. Les fonds de la police eussent été merveilleusement employés à ces deux usages. Point de capitulation avec les meneurs, mais pour les habitans des campagnes tout ce que le nouveau gouvernement a de bienfaits à répandre. C'est par ces moyens qu'on parviendra à les conquérir à l'opinion nationale, à détruire l'influence politique de la noblesse et du clergé, intéressés à retenir ceux qui jusqu'à présent ont marché servilement sous leur bannière.

De la liberté pour ceux qui la réclament; de la liberté pour ceux à qui elle semble indifférente : bientôt ils sauront la comprendre.

Que le gouvernement en soit bien convaincu, la renonciation à des privilèges qu'il n'a aucun intérêt à maintenir, la reconnaissance de ce principe d'équité que les charges doivent toujours être compensées par les bénéfices, la prompte et vaste organisation de nos institutions républicaines, rallieront tous les vrais patriotes. Ceux qu'on appelle modérés se battront-ils pour le cens d'éligibilité, pour l'hérédité de la pairie, pour l'exclusion soit de ceux qui ont la corvée de nous garder et de nous défendre, soit de ceux qui ont l'honneur et l'embarras du jury, sans obtenir aucun droit en échange de leurs frais et de leurs peines ?

Au lieu de se jeter dans ces tristes débats où les griefs réciproques ne sont point articulés en termes précis, pourquoi ne pas s'expliquer par des exemples positifs sur ce qu'on veut ou sur ce qu'on ne veut pas ? Ces explications amèneraient les bons esprits à des transactions qui nous semblent si faciles !

Il ne doit exister que deux partis en Europe : le parti de ceux qui veulent l'instruction, la liberté progressive; et le parti qui ne veut que des muets, de l'ignorance et des privilèges.

La place du gouvernement n'est point entre ces deux partis, avec l'un desquels nulle transaction n'est possible; il ne doit pas davantage adopter telle fraction de ceux qu'il croit plus particulièrement ses amis. Qu'il se mette à la tête de l'opinion patriote; c'est à lui de la diriger. Nous avons perdu trop de temps pour en passer encore en expositions de vaines théories, en conversations inutiles. L'ennemi, qui met son espoir dans nos divisions, n'est-il pas à nos portes ? Le sang des Polonais n'est-il pas notre sang ? N'attendons pas que la force nous oblige aux concessions qu'un puissant intérêt nous prescrit de faire à la raison du pays. Malheur à celui qui, dans les circonstances où nous sommes, hésiterait à faire un sacrifice à la concorde !

Quel que soit leur âge, point d'écoliers pour nous diriger; mais des hommes expérimentés qui, avec l'esprit du temps, auront étudié les principes et le mouvement de l'organisation politique. Ce n'est pas seulement par de

nobles sentimens qu'on inspire la confiance, mais surtout
par des actes positifs, mais en marchant d'un pas rapide
dans une route certaine d'où l'on voie sans cesse le but
où l'on veut arriver.

IMPRIMERIE DE H. FOURNIER,
RUE DE SEINE, N. 14.